DIE BESTEN
FUSSBALL
TRICKS

Schwager & Steinlein

© Schwager & Steinlein Verlag GmbH
Emil-Hoffmann-Str. 1
D-50996 Köln
Text: Sandra Noa
Illustrationen: Hendrik Kranenberg
Fotos: dpa Picture-Alliance, Frankfurt/Main
Alle Rechte vorbehalten

www.schwager-steinlein-verlag.de

Inhalt

Cristiano **Ronaldo**

**geboren am 05.02.1985
in Funchal, Portugal
Stürmer
Nationalmannschaft Portugal**

- Mit 12 Jahren ging der Madeirer zur Kaderschmiede von Sporting Lissabon. Dort zogen ihn die anderen wegen seines Insel-Dialekts auf. Deshalb kam seine Mutter zur Unterstützung nach Alcochete.

- Nach der Saison 2007/2008 erhielt er folgende Auszeichnungen: „Englands Fußballer des Jahres", „Bester Torschütze Europas", „Europas Fußballer des Jahres" und „Weltfußballer des Jahres".

- 2009 wechselte er für die Rekordablöse von 93 Mio. Euro von Manchester United zu Real Madrid. Dort ist er mit 13 Mio. Euro Jahresgehalt der bestbezahlte Fußballer.

- Der Kapitän der portugiesischen Nationalmannschaft arbeitet auch als Model, hat ein Modegeschäft – gemeinsam mit seinen Schwestern – und trägt Fußballschuhe, die nach seinen Vorgaben entwickelt wurden.

Der doppelte Übersteiger

Der erste Portugiese bei Manchester United hat ein Talent für sehenswerte Tore und beherrscht atemberaubende Tricks. Sein Markenzeichen ist der doppelte Übersteiger. Im Gegensatz zur doppelten Schere ziehst du den Fuß dabei über den Ball – das macht den Move richtig schnell und wirksam.

SCHRITT 1: Noch während der Ball rollt, bringst du dich in eine sichere Übersteiger-Position. Das ist meist auf einer – in unserem Beispiel auf der linken – Seite des Balls.

SCHRITT 2: Du bleibst mit links stehen und hebst dein rechtes Bein von innen nach außen in einem Bogen über den Ball.

SCHRITT 3: Landung auf dem rechten Bein und die gleiche Bewegung mit links. Schon nach dem ersten Übersteiger ist dein Gegner verwirrt und weiß nicht, wohin du als nächstes willst.

SCHRITT 4: Du kannst die Übersteiger so oft wiederholen, wie es nötig ist. Nach dem letzten Übersteiger dribbelst du mit der Außenseite des rechten Fußes schnell vom Gegner weg.

Mario **Götze**

**geboren am 03.06.1992
in Memmingen, Deutschland
Mittelfeldspieler
Nationalmannschaft Deutschland**

- Als Schüler zeigte er nicht nur im Sport beste Leistungen, sondern auch in Kunst und Mathematik.

- Er isst am liebsten Apfelspätzle und jede andere Art von Nudeln.

- Seit 1954 gab es keinen jüngeren Nationalspieler als den „kleinen Gott des deutschen Fußballs". So bezeichnen ihn manchmal Sportreporter in Anlehnung an seinen Namen.

- Den größten Moment seiner noch jungen Fußball-Karriere erlebte Mario Götze im Finale der WM 2014: In der Verlängerung gelang ihm der entscheidende Treffer zum 1:0 gegen Argentinien.

Rückwärts-Finte

Das bescheidene Nachwuchstalent der deutschen Nationalmannschaft spricht ungern über die eigene Leistung. Es ist ihm lieber, das Team als Ganzes zu sehen. Dabei überzeugt der Mittelfeldspieler mit vielen Tricks und Täuschungsmanövern – wie diesem hier. Mit etwas Übung schaffst du das auch.

SCHRITT 1: Du hast den Ball am rechten Fuß, setzt kurz die Sohle drauf und ...

SCHRITT 2: ... ziehst den Ball hinter dich.

SCHRITT 3: Mit dem Spann führst du den Ball hinter deinem Rücken nach links. Jetzt denkt der Gegner, dass du mit der Hacke spielen willst und richtet seine Deckung danach aus.

SCHRITT 4: Doch du ziehst den Ball mit ordentlich Schwung wieder nach rechts und trittst schnell nach rechts vorn an.

Andrés **Iniesta**

**geboren am 11.05.1984
in Fuentealbilla, Spanien
Mittelfeldspieler
Nationalmannschaft Spanien**

- Andrés Iniesta Luján spielt seit seinem 12. Lebensjahr beim FC Barcelona und will dort auch bis zum Ende seiner Karriere bleiben.

- Im Finale der Weltmeisterschaft 2010 schoss er kurz vor Ende der Verlängerung das entscheidende Tor. Es machte Spanien zum ersten Mal zum Weltmeister.

- Nach diesem Siegtor zog er sein Trikot aus. Auf dem Shirt darunter stand auf Spanisch: „Dani Jarque ist für immer bei uns". Damit gedachte Iniesta seinem Freund und Mitspieler, der im Jahr davor mit nur 26 Jahren an Herzversagen gestorben war.

- In seinem kleinen Heimatort wurde eine Straße nach ihrem berühmtesten Bewohner benannt, die Calle Andrés Iniesta. Auf dem Grundstück mit der Hausnummer 1 baute er ein Haus.

Die Krokette

Sobald Iniesta in Ballbesitz ist, erkennt er mit einem Blick den besten Weg zum Tor und prescht vorwärts. Dabei lässt er auch mal zwei Abwehrspieler stehen, dank seinem Markenzeichen „la croqueta". Das ist eigentlich eine spanische Leckerei. Diese formen Köche, indem sie den Teig zwischen ihren Händen hin- und herwerfen – genau wie Iniesta den Ball zwischen seinen Füßen.

SCHRITT 1: Der Ball ist an deinem rechten Fuß. Wenn ein Gegner ihn dir abnehmen will, verlagerst du dein Gewicht auf das linke Bein und spielst den Ball mit der rechten Innenseite ...

SCHRITT 2: ... ein kleines Stück nach links. Für einen kurzen Moment das rechte Bein zum Standbein machen und den Ball mit links annehmen.

SCHRITT 3: Mit dem linken Fuß schießt du nach vorne in den freien Raum, zwischen den Spielern der gegnerischen Mannschaft durch. Nun steht nur noch der Torwart im Weg!

Profi-Tipp:
Den freigekämpften Ball kannst entweder du weiter in Richtung Tor bringen oder einer deiner Mitspieler nimmt ihn an.

James **Rodríguez**
**geboren am 12.07.1991
in Cúcuta, Kolumbien
Mittelfeldspieler
Nationalmannschaft Kolumbien**

- James David Rodríguez Rubio schoss die kolumbianische Nationalmannschaft 2014 in ihr erstes WM-Viertelfinale.

- Mit sechs Treffern wurde er Torschützenkönig bei der WM 2014, obwohl seine Mannschaft bereits im Viertelfinale gegen den Gastgeber Brasilien ausschied.

- Bewundert wird der Linksfüßer für seinen Einfallsreichtum, seine hohe Geschwindigkeit beim Dribbeln und die Fähigkeit, das Spiel aus dem Mittelfeld heraus zu bestimmen.

- Der gefürchtete Freistoßschütze ist mit der Schwester des kolumbianischen National-Torhüters verheiratet.

Sohle eindrehen

Dem Kolumbianer fallen immer wieder überraschende Wendungen ein – wie dieser Trick. Mit ihm bringt er seinen Gegner aus dem Gleichgewicht und spielt einen kleinen Zeitvorteil raus.

SCHRITT 1: Du dribbelst weiter auf den Gegner zu. Als hättest du ihn nicht bemerkt, täuschst du mit links einen Schuss an. Dabei musst du möglichst überzeugend schauspielern!

SCHRITT 2: Nun will dein Gegenspieler den Ball blocken. Doch statt zu schießen, nimmst du den Ball mit dem linken Außenspann nach hinten mit, ...

SCHRITT 3: ... drehst deinen ganzen Körper linksherum und ...

SCHRITT 4: ... kannst in den freien Raum weiter dribbeln.

Arjen **Robben**

**geboren am 23.01.1984
in Bedum, Niederlande
Mittelfeldspieler
Nationalmannschaft Niederlande**

- Seine erste Saison in der Niederländischen Ehrendivision spielte er 2000/2001 beim FC Groningen. Er wurde direkt „Spieler des Jahres".

- In seiner Zeit beim PSV Eindhoven (2002–2004) stimmte er sich mit seinem Sturmpartner Mateja Kežman so perfekt ab, dass die Fans sie „Batman und Robben" nannten.

- Der Vater von zwei Kindern spricht fließend Niederländisch, Deutsch, Englisch und Spanisch. Er isst am liebsten Sushi und trinkt gern Cola.

- 2009 wechselte Robben zum FC Bayern und gewann mit dem Münchner Verein 2013 sogar die UEFA Champions League. Dort erzielte er im Finale gegen Borussia Dortmund den entscheidenden Treffer zum 2:1.

Die doppelte Schere

In Eins-zu-Eins-Situationen ist Robben besonders einfallsreich. So ist auch dieser Trick eine Erfindung von ihm. Wichtig dabei: Er führt ihn rechtzeitig aus und erzeugt damit ausreichend Platz, um am Gegner vorbeizukommen. Die Täuschung erhielt ihren Namen, weil die Füße dabei in der Luft eine Bewegung machen, die wie eine offene Schere aussieht – von oben betrachtet.

SCHRITT 1: Du dribbelst mit der Außenseite deines linken Fußes und führst ihn plötzlich nah am Boden rechts am Ball vorbei, um ...

SCHRITT 2: ... mit dem linken Fuß schließlich links vom Ball aufzukommen. So denkt dein Gegner, du willst nach links spielen. Aber kaum stehst du mit links, führst du ...

SCHRITT 3: ... die gleiche Bewegung mit dem rechten Bein aus, links am Ball entlang. Wieder glaubt dein Gegenspieler zu wissen, in welche Richtung du nun willst – nach rechts. Doch er täuscht sich. Denn ...

SCHRITT 4: ... sobald du mit dem rechten Fuß rechts vom Ball stehst, dribbelst du mit dem linken Außenspann vom Gegner weg.

Cesc **Fàbregas**

geboren am 04.05.1987
Arenys de Mar, Spanien
Mittelfeldspieler
Nationalmannschaft Spanien

- Sein erstes Fußball-
  match sah Francesc
  Fàbregas i Soler, als er
  gerade mal neun Monate
  alt war. Sein Opa hatte ihn
  mit ins Stadion genommen.

- In der Saison 2004/2005 war
  er der jüngste Spieler des
  FC Arsenal und der jüngste
  Torschütze des Vereins in
  einem Ligaspiel.

- Er hatte 2008 auf Sky
  Sports seine eigene
  Fernsehsendung: „The
  Cesc Fàbregas Show:
  Nike Live".

- 2011 wechselte der König
  der Eckbälle und Freistöße
  zum Verein seiner Jugend,
  zum FC Barcelona. Doch 2014
  zog es den spanischen Nationalspieler zurück nach England,
  diesmal zum FC Chelsea.

Verzögerungsdribbling

Nicht nur bei Standardsituationen glänzt Cesc Fàbregas mit seinem Können. Auch beim Umlaufen und Abhängen seiner Gegner ist er fast unschlagbar. Mit dieser Verzögerungstaktik hat er schon viele Bälle davor gerettet, an die gegnerische Mannschaft zu gehen. Probier's beim nächsten Match selbst mal aus!

SCHRITT 1: Du führst den Ball im ganz normalen Dribbling neben deinem Gegenspieler.

SCHRITT 2: Plötzlich hältst du den Ball mit der rechten Außenseite des Fußes für einen kurzen Augenblick an.

SCHRITT 3: Der Verteidiger in deinem Nacken wird nun auch stoppen. Das ist für dich das Zeichen für den schnellen Antritt zum Tor oder zum nächsten freien Mitspieler.

> **Profi-Tipp:**
> Je schneller du antrittst, umso kleiner die Chance für deinen Gegner zu folgen!

David **Luiz**

**geboren am 22.04.1987
in Diadema, Brasilien
Verteidiger
Nationalmannschaft Brasilien**

• Sein erster Verein, der FC
São Paulo, hielt den damals
14-Jährigen für zu klein. Heute
ist David Luiz Moreira Marinho
mit 1,89 m immer einer der
Größten auf dem Platz.

• 2007 wechselte der Brasilianer
für nur etwa 500.000 Euro nach
Portugal, zu Benfica Lissabon.
Das 60-Fache zahlte der FC Chelsea
bloß vier Jahre später, um ihn zu
sich zu holen: ca. 30 Mio. Euro!

• Das Jahr 2014 machte den Vollblut-
Innenverteidiger schließlich zum
teuersten Abwehrspieler der Welt.
Der französische Verein Paris St.
Germain legte fast 50 Mio. Euro
Ablöse für seinen neuen Spieler
auf den Tisch.

• Bei der WM 2014 stand der Locken-
kopf im Halbfinale gegen Deutschland als Kapitän auf dem Platz. Der
ursprüngliche Kapitän war gesperrt.

Die Brasilianische Finte

Nicht nur zielgenaue lange Pässe gehören zu Luiz' aufsehenerregenden Talenten. Mit einer seiner Täuschbewegungen kannst auch du den gegnerischen Verteidiger loswerden und nimmst den Ball in die entgegengesetzte Richtung mit.

SCHRITT 1: Du dribbelst den Ball dicht am Fuß in Richtung Gegner.

SCHRITT 2: Mit der Innenseite vom linken Fuß täuschst du einen Pass an. Statt ihn aber auszuführen, machst du einen Ausfallschritt über den Ball, ...

SCHRITT 3: ... landest auf dem linken Fuß neben dem Ball und verlagerst das Gewicht auf dieses Bein.

SCHRITT 4: Jetzt schnell den Ball mit dem Innenspann des rechten Fußes in die andere Richtung gedribbelt, und schon hast du freie Bahn zum Tor!

Mesut **Özil**

**geboren am 15.10.1988
in Gelsenkirchen,
Deutschland
Mittelfeldspieler
Nationalmannschaft
Deutschland**

- Schon mit 17 Jahren spielte Özil in der Profimannschaft des FC Schalke 04.

- Der Sohn türkischer Eltern konnte sich zwischen der deutschen und der türkischen Nationalelf entscheiden. Er entschied sich klar für Deutschland.

- Bei Länderspielen war er in der Saison 2009/2010 so oft im Einsatz wie kein anderer Nationalspieler.

- Nach drei erfolgreichen Jahren im Trikot von Real Madrid wechselte Mesut Özil 2013 für 50 Mio. Euro in die englische Premier League und zieht seitdem die Fäden im Mittelfeld von Arsenal London.

Hinterrücks

Nicht nur für seine Sprints und Volleyschüsse ist der gläubige Moslem berühmt. Auch seine Pässe überraschen die Gegenspieler immer wieder. Dieser hier wird unauffällig hinterm Rücken ausgeführt, sodass der Abwehrspieler erst spät – vielleicht sogar zu spät – etwas davon mitbekommt.

SCHRITT 1: Du stoppst aus dem Dribbling und stellst dich sicher auf das rechte Bein. Das linke Bein hebst du am Ball vorbei und ...

SCHRITT 2: ... setzt es schützend davor ab. Als Nächstes schiebst du den Ball vorsichtig mit der Innenseite des rechten Fußes hinter der Hacke des linken Fußes vorbei.

SCHRITT 3: Dann holst du Schwung und schießt mit der Außenseite nach rechts.

SCHRITT 4: Jetzt noch Beine entknoten und weiter geht's auch für dich im Spiel.

Didier **Drogba**

**geboren am 11.03.1978
in Abidjan, Elfenbeinküste
Stürmer
Nationalmannschaft Elfenbeinküste**

• Zu Beginn seiner Profi-Karriere
  spielte Didier Drogba in Frankreich
  beim UC Le Mans und anschließend beim EA Guingamp – und zwar
  lange Zeit als Verteidiger, bevor sein
  Stürmer-Talent erkannt wurde.

• Als er 2004 zum FC Chelsea wechselte, war er mit fast 36 Mio. Euro
  Transfersumme der teuerste Fußballer der Elfenbeinküste.

• 2006 und 2009 wurde der Kapitän
  der ivorischen Nationalmannschaft
  „Afrikas Fußballer des Jahres".

• Der UNICEF Goodwill-Botschafter
  setzt sich nicht nur für AIDS-Pro-
  gramme und Frieden ein, sondern
  spendete u. a. auch 3,2 Mio. Euro
  aus einem Werbevertrag für den
  Bau eines Krankenhauses in seiner
  Heimatstadt.

Sohlentrick

Normalerweise glänzt Drogba mit Kopfbällen und unglaublich harten Schüssen. Aber natürlich hat auch er jede Menge Täuschungsmanöver auf Lager – wie dieses hier. Mit dem Sohlentrick lässt er Gegenspieler ins Leere laufen, wenn sie ihn von der Seite angreifen.

SCHRITT 1: Mit dem Gegner an deiner rechten Seite täuschst du aus dem Lauf heraus eine Flanke oder einen Pass an.

SCHRITT 2: Statt eins von beidem auszuführen, stoppst du den Ball mit der Sohle. Zieh ihn mit der Innenseite des linken Fußes hinter den rechten Fuß, auf dem du fest stehst.

SCHRITT 3: Jetzt noch selber umdrehen – in Richtung Gegner, wenn er weiter weg steht, und mit dem Rücken zu ihm, falls er dich sehr nah deckt.

SCHRITT 4: Und schon dribbelst du in die Richtung weiter, aus der du gekommen bist. Damit machst du genau das Gegenteil von dem, was der Verteidiger an deinen Fersen erwartet hat.

Klaas-Jan **Huntelaar**

**geboren am 12.08.1983
in Voor-Drempt, Niederlande
Stürmer
Nationalmannschaft Niederlande**

- Der Spitzname von Dirk Jan Klaas Huntelaar lautet „The Hunter", bedeutet auf deutsch „Der Jäger" und spielt auf seine unschlagbaren Fähigkeiten als Torjäger an.

- Drei Jahre lang probierte er in der Jugendmannschaft von De Graafschap verschiedene Positionen aus, sogar als Torwart. Erst dann setzte der Trainer ihn fest als Stürmer ein.

- In der Saison 2005/2006 wurde er „Torschützenkönig der niederländischen Ehrendivision", „Ajax Amsterdams Spieler des Jahres" und „Niederländisches Talent des Jahres".

Cross Kick

Der Spezialist für Hattricks und Doppelpacks bereitet seine Torchancen gern selbst vor. Beim Cross-Kick verunsichert er seinen Gegenspieler, indem er den Ball in die eine Richtung schickt und selbst auf der anderen Seite am Gegenüber vorbeiläuft.

SCHRITT 1: Du kannst ganz zielstrebig auf den Verteidiger zudribbeln. Kurz vor ihm stoppst du und setzt den rechten Fuß auf den Ball.

SCHRITT 2: Nun ziehst du den Ball mit rechts ein kleines Stück nach innen und kickst ihn sofort mit der linken Fußinnenseite ...

SCHRITT 3: ... rechts am Gegner vorbei. Du selbst startest direkt nach links.

SCHRITT 4: Bevor dein Gegenspieler verstanden hat, was los ist, sind Ball und du schon hinter ihm.

Franck **Ribéry**

**geboren am 07.04.1983
in Boulogne-sur-Mer, Frankreich
Mittelfeldspieler
Nationalmannschaft Frankreich
(2006–2014)**

- Die auffälligen Narben in seinem Gesicht stammen von den Verletzungen bei einem Autounfall. Damals war er erst zwei Jahre alt und musste mit über 100 Stichen genäht werden.

- Am Anfang seiner Karriere spielte er sich durch unterklassige Teams. Weil er dabei zu wenig verdiente, arbeitete der heutige Topspieler nebenbei als Bauarbeiter.

- Nach nicht mal einer Saison bei Galatasaray Istanbul wechselte er ohne Ablöse zu Olympique Marseille, denn er hatte mehrere Monate lang kein Gehalt bekommen. Gegen seine Entscheidung klagte sein alter Verein erfolglos.

- Der Franzose trägt wegen seiner Religion auch einen muslimischen Namen: Bilal Yusuf Mohammed.

Kopfball-Heber

Mit seiner Dribbelstärke und Ballsicherheit wurde Ribéry 2008 gleichzeitig Deutschlands und Frankreichs Fußballer des Jahres. Bei dem hier vorgestellten Trick braucht er nicht nur seine Beine, sondern im wahrsten Wortsinn auch Köpfchen.

SCHRITT 1: Behalte die Flugbahn des hoch gespielten Balls genau im Auge und stell dich so hin, dass der Ball genau auf deinen Kopf zufliegt.

SCHRITT 2: Du gehst etwas in die Knie und holst zu einem kräftigen Kopfstoß aus, der den Ball über den Gegenspieler in deinem Rücken hinaus hebt.

SCHRITT 3: Während der Ball in der Luft ist, drehst du dich um und preschst am Gegner vorbei zum Ball. Gut ausgetrickst!

Gerard **Piqué**

**geboren am 02.02.1987
in Barcelona, Spanien
Verteidiger
Nationalmannschaft Spanien**

- Gerard Piqué Bernabeu –
  wie der Spanier offiziell
  heißt – hatte schon in
  seiner Kindheit einen
  fußballtalentierten besten
  Freund: Cesc Fàbregas.

- Ausgerechnet gegen
  Barcelonas Erzrivalen Real
  Madrid schoss er Barças
  100. Saisontor – und zwar
  in einem Stadion, das nach
  Madrids erfolgreichstem
  Präsidenten und seinem
  Namensvetter benannt ist:
  Santiago Bernabéu.

- Beim Videodreh zum WM-Song 2010
  lernte der Frauenschwarm die Sän-
  gerin Shakira kennen und kam mit
  ihr zusammen.

- Bei der WM 2010 war er einer von
  nur drei spanischen Spielern, die bei
  allen Spielen über die volle Zeit auf
  dem Platz standen.

Verdrehter Kick

Trotz seiner defensiven Spielposition ist der Verteidiger als torgefährlich bekannt. Um vor dem Tor eine Gelegenheit zu bekommen, zeigt er viel Einfallsreichtum beim Ausspielen seiner Gegner. So macht er nicht nur als Model für die Modelinie Mango eine gute Figur, sondern auch bei diesem Kick-Trick.

SCHRITT 1: Aus dem Dribbling heraus setzt du den rechten Fuß quer auf den Ball und schiebst ihn mit der Sohle schräg nach vorne. Deine Fußspitze zeigt dabei nach außen.

SCHRITT 2: Setze dann den rechten Fuß links vom Ball ab. Während der Ball langsam vorwärtsrollt, ...

SCHRITT 3: ... schwingst du den linken Fuß oberhalb um ihn herum. Jetzt sieht es so aus, als hättest du gleich einen Knoten in den Beinen. Der löst sich aber ganz schnell von selbst. Sobald der linke Fuß ...

SCHRITT 4: ... nur kurz mit der Spitze aufkommt, spielst du den Ball mit der rechten Fußspitze in deine Laufrichtung. Jetzt noch den rechten Fuß aufsetzen und den linken Fuß wieder nach links.

Homare **Sawa**

**geboren am 06.09.1978
in Funchu, Japan
Mittelfeldspielerin
Nationalmannschaft Japan**

- Schon mit 12 Jahren spielte Asiens Fußballerin der Jahre 2004 und 2008 in der japanischen Frauenliga.

- Im Alter von 15 Jahren folgten dann die Berufung in die japanische Nationalmannschaft der Frauen und gleich vier Treffer in ihrem ersten Länderspiel.

- Sawa nahm an mehr als 170 Länderspielen teil und traf dabei 80-mal ins Tor. Damit ist sie Japans Rekordhalterin – bei Frauen und Männern!

- Als Kapitänin führte sie die japanischen Frauen bei der WM 2011 zum Titel. Ihre Nationalmannschaft wurde zusätzlich als fairstes Team und sie selbst als Torschützenkönigin und „Beste Spielerin" des Wettbewerbs ausgezeichnet.

Spitze, Hacke, Tor

Selbst wenn die begnadete Japanerin mit dem Rücken zum Tor steht, hindert sie das nicht an einem Treffer. Sowohl in der US-amerikanischen Liga als auch in Japan überzeugte sie mehrfach mit Hackentoren – so wie diesem. Sie gelingen am ehesten bei einem flach zugespielten Ball, der von der Seite kommt.

SCHRITT 1: Lauf dem Ball ein bisschen entgegen und stell dich mit der rechten Schulter zum Tor. Verlagere dann dein Gewicht auf das rechte Bein, hebe den linken Fuß hoch und ...

SCHRITT 2: ... lass den Ball unten durch rollen.

SCHRITT 3: Nun beugst du dich nach vorne und kickst den Ball mit der Innenseite deines linken Fußes.

SCHRITT 4: Um dem Schuss ausreichend Kraft zu geben, musst du das linke Schienbein weit nach oben schwingen lassen. Damit hat der Torwart sicher nicht gerechnet!

Gareth **Bale**

**geboren am 16.07.1989
in Cardiff, Großbritannien
Mittelfeldspieler
Nationalmannschaft Wales**

- In der Schule spielte Gareth Frank Bale nicht nur gern Fußball, sondern auch Rugby und Hockey.

- Als er 2006 für den FC Southampton auflief, war er der jüngste Spieler, den der Verein jemals für 90 Minuten auf dem Feld hatte.

- Im gleichen Jahr wurde das Multitalent mit nur 17 Jahren zum jüngsten Torschützen der walisischen Nationalmannschaft.

- Bale ist nicht umsonst einer der teuersten Fußballspieler der Welt. Seine Vereine und Fans schätzen ihn u. a. wegen der unvorstellbaren Schnelligkeit, zielgenauen Flanken und seiner Schusskraft mit dem linken Fuß.

Ausfallschritt

Oft läuft der Flügelspieler einfach über die Flanke nach vorn – an allen anderen vorbei. Doch auch verschiedene Finten beherrscht der Waliser. Diese hier gehört zum Grundkönnen eines jeden Fußballers: den Gegner mit einem Ausfallschritt ausspielen.

SCHRITT 1: Du dribbelst selbstbewusst direkt in Richtung Gegenspieler.

SCHRITT 2: Plötzlich machst du einen weiten Ausfallschritt nach rechts vorne. Weil der Ball weiterrollt, musst du ...

SCHRITT 3: ... möglichst schnell dein Gewicht auf das rechte Bein verlagern. Dann nichts wie ran an den Ball ...

SCHRITT 4: ... und zwar mit der linken Außenseite deines Fußes. Jetzt kannst du nach links am Gegner vorbei weiterdribbeln.

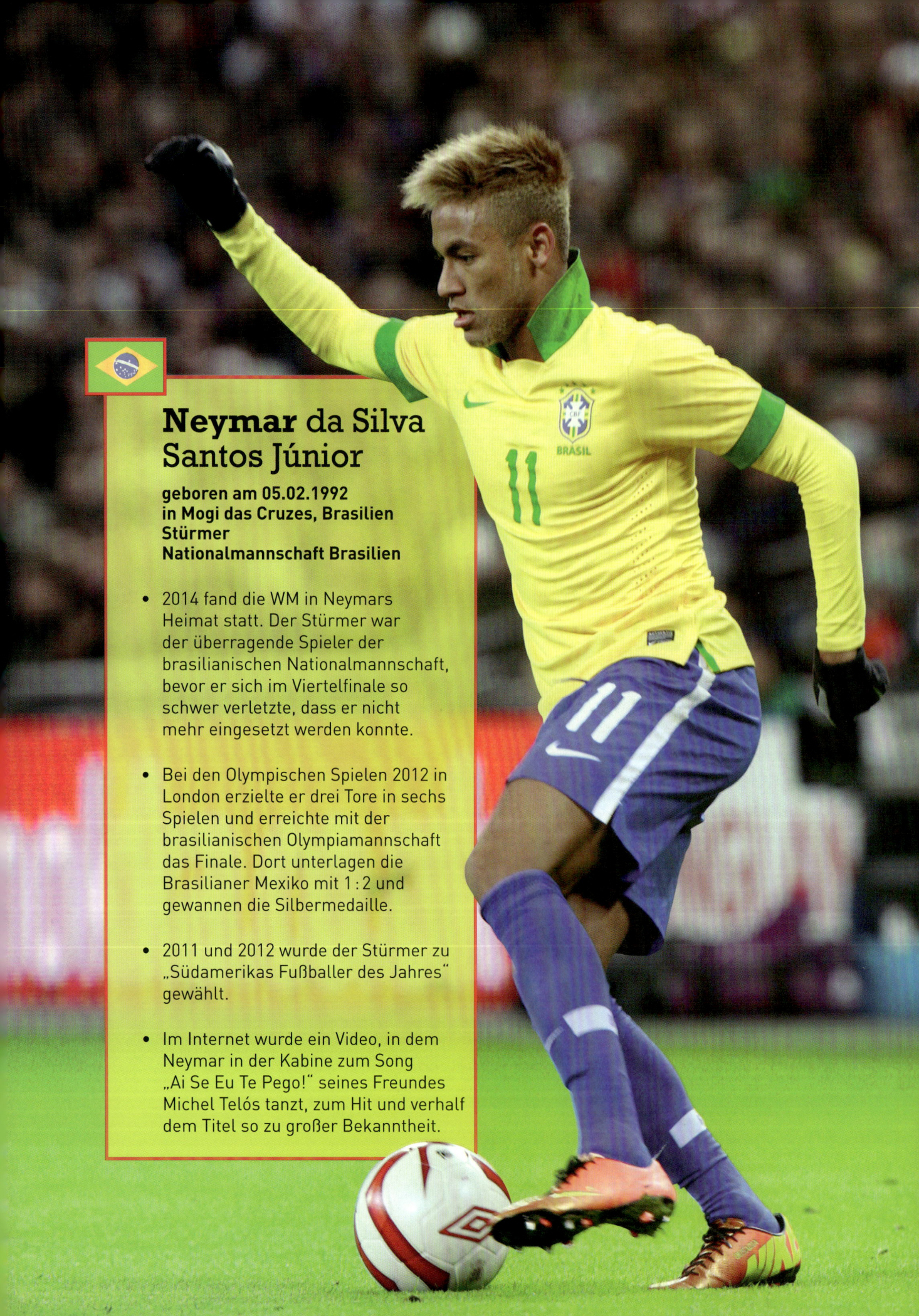

Neymar da Silva Santos Júnior

**geboren am 05.02.1992
in Mogi das Cruzes, Brasilien
Stürmer
Nationalmannschaft Brasilien**

- 2014 fand die WM in Neymars Heimat statt. Der Stürmer war der überragende Spieler der brasilianischen Nationalmannschaft, bevor er sich im Viertelfinale so schwer verletzte, dass er nicht mehr eingesetzt werden konnte.

- Bei den Olympischen Spielen 2012 in London erzielte er drei Tore in sechs Spielen und erreichte mit der brasilianischen Olympiamannschaft das Finale. Dort unterlagen die Brasilianer Mexiko mit 1 : 2 und gewannen die Silbermedaille.

- 2011 und 2012 wurde der Stürmer zu „Südamerikas Fußballer des Jahres" gewählt.

- Im Internet wurde ein Video, in dem Neymar in der Kabine zum Song „Ai Se Eu Te Pego!" seines Freundes Michel Telós tanzt, zum Hit und verhalf dem Titel so zu großer Bekanntheit.

Verzwickte Drehung

Nicht erst am Rand des Strafraums wird Neymar torgefährlich, aber dort ganz besonders. Um ein Tor zu erzielen, verknüpft er auch mal eine Täuschung mit einer Drehung. So kann er die Überraschung seines Verteidigers nutzen und fast ungestört aufs Tor schießen. Schau selbst, wie das funktioniert!

SCHRITT 1: Während der Ball zu dir gespielt wird, stellst du dich schräg zur Schusslinie. Dabei drehst du dich in die Richtung, in die du auf gar keinen Fall schießen willst – in diesem Fall ...

SCHRITT 2: ... also vom Tor weg. Der Verteidiger deckt dich nun auf dieser Seite. Dann nimmst du den Ball an und legst ihn nach innen.

Profi-Tipp:
Ist das linke Bein dein Schussbein? Kein Problem: Dann solltest du auf der rechten Seite des Tores stehen, um nach der Drehung mit links abziehen zu können. So wie hier funktionieren natürlich alle Tricks in diesem Buch mit dem jeweils anderen Bein!

SCHRITT 3: Sofort dem Ball hinterher und mit der Innenseite des Fußes den Ball im Zentrum treffen, auf die lange Ecke zielen und einen schnellen Schuss abfeuern.

Lionel **Messi**

**geboren am 24.06.1987
in Rosario, Argentinien
Stürmer
Nationalmannschaft Argentinien**

- Bei einem Probetraining des FC Barcelona überzeugte der mehrfache Weltfußballer des Jahres so sehr, dass der damalige Jugendtrainer mit dem erst 13-Jährigen direkt einen Vertrag auf einer Serviette schloss.

- Der FC Barcelona übernahm auch die Behandlungskosten für eine Wachstumsstörung, an der Messi als Kind litt.

- Trotz lohnender Angebote von Manchester City bleibt Messi seinem Verein treu.

- Der schnelle Stürmer gilt als der Topverdiener im Fußball. Mit Werbeeinnahmen kommt er im Jahr auf etwa 33 Mio. Euro.

Der Messi-Lupfer

Verständlich, dass der FC Barcelona Messi mehr zahlt als jedem anderen Spieler. Bei seinem Dribbling sieht es manchmal so aus, als würde der Ball an seinem Fuß kleben – egal, wie schnell der vielseitige Stürmer unterwegs ist. Für Verwirrung sorgt er gern mit einem Lupfer über seinen Verteidiger hinweg. Versuch ihn auch mal – allerdings nur bei einem hohen Anspiel.

SCHRITT 1: Den hohen Pass deines Mitspielers nimmst du mit der Brust an und lässt ihn so abprallen, dass du ihn gleich weiterverarbeiten kannst.

SCHRITT 2: Sobald der Ball von deiner Brust abgeprallt ist, hebst du dein schussstarkes Bein. Bei Messi ist das links.

SCHRITT 3: Ohne dass der Ball auf dem Boden aufkommt, schießt du ihn mit deinem Schussbein ...

SCHRITT 4: ... weit über den Kopf des Verteidigers, der ihn dir abnehmen will. Nichts wie hinterher, um einen Treffer zu landen!

Alexandra **Popp**

geboren am 06.04.1991
in Witten, Deutschland
Stürmerin
Nationalmannschaft Deutschland

- In einer der DFB Eliteschulen war Alexandra Popp das einzige Mädchen in der Fußballklasse. Sie trainierte dort mit dem Nachwuchs des FC Schalke 04.

- Bei der U-20 WM 2010 feierte sie nicht nur den Gesamtsieg ihrer Mannschaft. Sie erhielt außerdem als beste Torschützin den „Goldenen Schuh" und als beste Spielerin den „Goldenen Ball".

- Die Fußballerin des Jahres 2014 mag es gerne süß – mit Schokolade und Kakao.

- Neben ihrer Fußball-Karriere ist die Kickerin in Ausbildung. Sie möchte Tierpflegerin werden.

Antippen und Mitführen

Wenn Popp als Stürmerin auf dem Durchmarsch zum Tor ist, muss sie manchmal an der Geschwindigkeit drehen. Dafür nutzt diesen Trick hier. Er ermöglicht durch eine kleine Verzögerung die Loslösung vom Abwehrspieler.

SCHRITT 1: Du dribbelst den Ball bei mittlerem Tempo eng am rechten Fuß. In Vorbereitung auf die Verzögerung lässt du ihn etwas weiter laufen.

SCHRITT 2: Achte darauf, dass du dadurch keinem Gegenspieler die Chance zur Ballabnahme gibst! Tippe den Ball nun mit der linken Fußsohle kurz an und ...

SCHRITT 3: ... nimm ihn – ohne zwischendurch aufzutreten – sofort mit dem rechten Fuß ...

SCHRITT 4: ... bei einem schnellen Antritt mit. Dein Verteidiger wird Probleme haben hinterherzukommen, weil er mit einem kurzen Stopp gerechnet hat.

Lukas **Podolski**

**geboren am 04.06.1985
in Gliwice, Polen
Stürmer
Nationalmannschaft Deutschland**

- Einen großen Teil seiner Jugend
und den Anfang seiner Profi-
Karriere verbrachte Poldi beim
1. FC Köln. Nach einem drei-
jährigen Abstecher zum FC
Bayern München wollte er
2009 unbedingt zu seinem
Heimatverein zurück. Dafür
lehnte er mehrere, sehr
verlockende Angebote aus
England ab.

- Bei der WM 2006 wurde er
der „Beste junge Spieler".

- Der Stürmer setzt sich
mit einer eigenen Stif-
tung für die Förderung
von benachteiligten
Kindern und Jugendli-
chen ein – mithilfe
des Sports
natürlich!

Bananen-Drall

Er ist einer der beliebtesten Spieler der Nationalmannschaft und zeigt bei jedem Einsatz sein ganzes Können. Auf dem Feld setzt er oft verblüffende Kunstkniffe ein – zum Beispiel diesen Drall-Trick. Dabei bleibt der Gegenspieler zwischen Poldi und dem Ball verdutzt stehen.

SCHRITT 1: Den Bananen-Drall kriegst du am ehesten hin, wenn ein Mitspieler den Ball flach zu dir passt. Du läufst ein paar Schritte auf den Ball zu und versetzt ihm ...

SCHRITT 2: ... mit der Außenseite des linken Fußes einen Drall schräg nach links hinten. Der Ball springt weg und fliegt links an deinem Gegenspieler vorbei. Im gleichen Moment drehst du dich ...

SCHRITT 3: ... nach rechts und sprintest auf der rechten Seite um deinen Gegenspieler herum.

SCHRITT 4: Noch bevor dein Gegner die Situation durchschaut hat, musst du wieder beim ausrollenden Ball sein und kannst ihn weiterdribbeln.

Robert **Lewandowski**

**geboren am 21.08.1988
in Warschau, Polen
Stürmer
Nationalmannschaft Polen**

- Bei den sportlichen Eltern ist es kein
  Wunder, dass der polnische Top-
  Kicker auch im Profi-Sport landete.
  Sein Vater war Judo-Europameister
  und seine Mutter spielte in der
  Volleyball-Bundesliga, bevor beide
  Sportlehrer wurden.

- Als Kind aß er am liebsten
  Pfannkuchen.

- Von 2011 bis 2013 wählten die Polen
  ihren Star zum Fußballer des Jahres.

- In der deutschen Bundesliga war
  Lewandowski in der Saison 2013/14
  Torschützenkönig. Er erzielte
  20 Tore!

Teamplay

Mit sicherem Auge erkennt Lewandowski, wo die beste Torchance wartet. Da kickt der schnelle Dribbler hin und liefert eine seiner sensationellen Vorlagen. Wie? Das erfährst du hier.

SCHRITT 1: Du hältst kurz inne, schaust nach einem passenden Mitspieler und führst die Fußspitze unter den Ball.

SCHRITT 2: Während du den Ball lupfst und so weitergibst, muss dein Mitspieler ihn genau im Auge behalten ...

SCHRITT 3: ... und aus der Luft mit dem Vollspann aufs Tor schießen.

Profi-Tipp:
Behalte beim Zuspiel immer die gegnerische Mannschaft im Blick. Sonst grätscht jemand dazwischen oder nimmt den Ball mit der Brust ab.

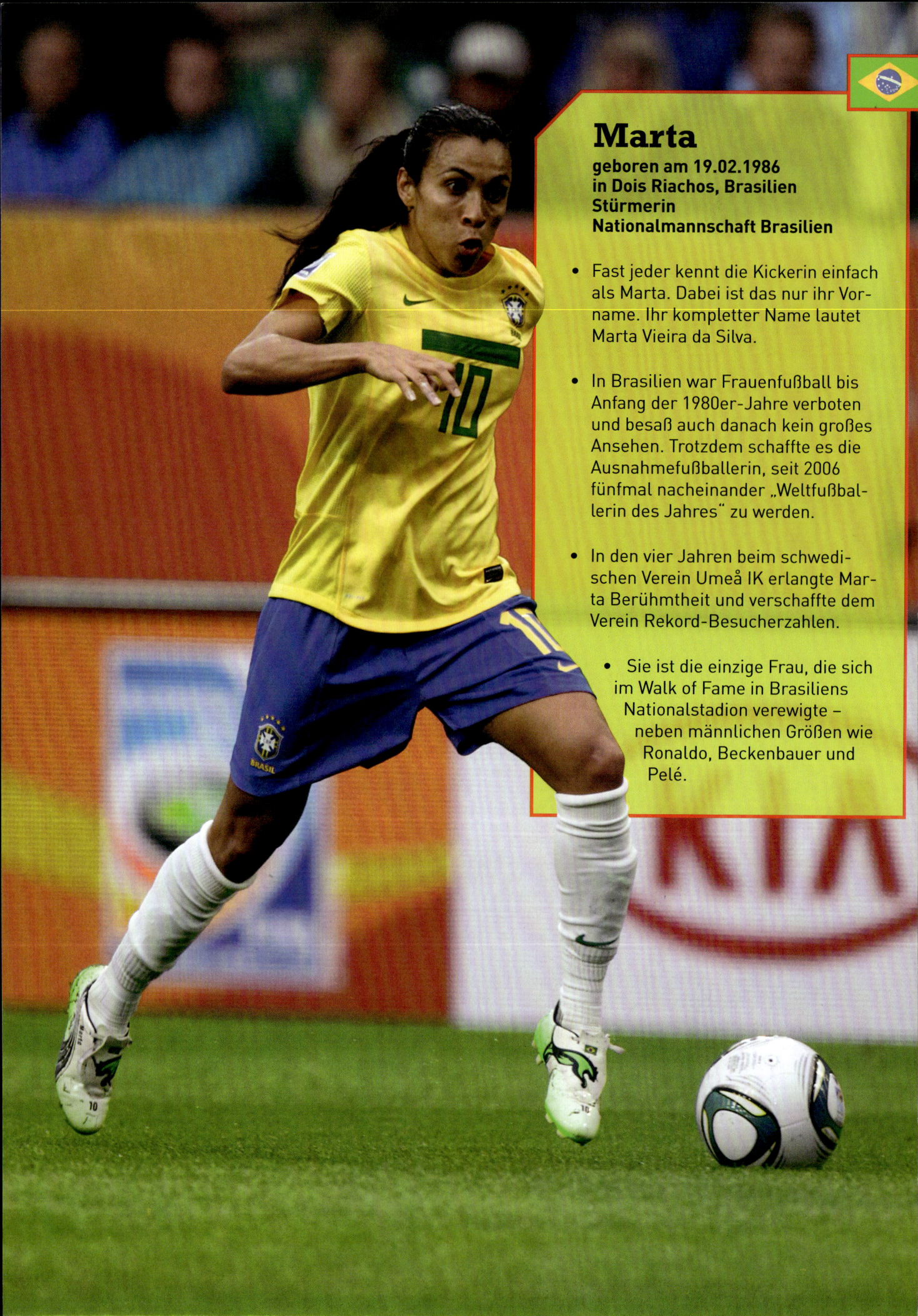

Marta

**geboren am 19.02.1986
in Dois Riachos, Brasilien
Stürmerin
Nationalmannschaft Brasilien**

- Fast jeder kennt die Kickerin einfach als Marta. Dabei ist das nur ihr Vorname. Ihr kompletter Name lautet Marta Vieira da Silva.

- In Brasilien war Frauenfußball bis Anfang der 1980er-Jahre verboten und besaß auch danach kein großes Ansehen. Trotzdem schaffte es die Ausnahmefußballerin, seit 2006 fünfmal nacheinander „Weltfußballerin des Jahres" zu werden.

- In den vier Jahren beim schwedischen Verein Umeå IK erlangte Marta Berühmtheit und verschaffte dem Verein Rekord-Besucherzahlen.

- Sie ist die einzige Frau, die sich im Walk of Fame in Brasiliens Nationalstadion verewigte – neben männlichen Größen wie Ronaldo, Beckenbauer und Pelé.

360 Grad-Drehung

Mit rund 400.000 Euro Jahresgehalt – samt Werbeeinnahmen – ist Marta die bestbezahlte Fußballerin der Welt. Da verwundert es kaum, dass sie so ziemlich jeden Trick mit dem Ball drauf hat. Dieser Dreher auf dem Ball, den Zinédine Zidane perfekt beherrschte, erfordert einiges an Übung. Sofort nimmst du den Ball anschließend zum weiteren Dribbeln mit dem rechten Fuß wieder mit.

SCHRITT 1: Du dribbelst den Ball eng am Fuß und wirst immer langsamer, bis du mit dem rechten Fuß auf den rollenden Ball steigen kannst. Dabei beginnst du mit dem Oberkörper schon mal …

SCHRITT 2: … deine Drehung nach links. Sobald du auf dem Ball stehst, drückst du dich mit dem Ballen nach oben und drehst den ganzen Körper weiter. Ohne einen Fuß zwischendurch abzusetzen, …

SCHRITT 3: … springst du mit rechts vom Ball ab und mit dem linken Fuß drauf. Dabei deine Drehung nach links weiterführen! Während der rechte Fuß auf dem Boden ist, zieht der linke den Ball …

SCHRITT 4: … nach hinten. Jetzt nur die Drehung zu Ende bringen und mit der rechten Innenseite weiterdribbeln, als sei nichts gewesen.

David **Silva**

**geboren am 08.01.1986
in Arguineguín, Spanien
Mittelfeldspieler
Nationalmannschaft Spanien**

- David Josué Jiménez Silva – so heißt der Kanare mit vollem Namen – begann mit 14 Jahren beim FC Valencia. Dort spielte er bis 2010, als er zu Manchester City wechselte.

- Im Finale der EM 2008 stritt er sich mit Lukas Podolski und gab ihm eine Kopfnuss. Der Schiedsrichter verpasste ihm eine Ermahnung und sein Trainer nahm ihn vom Platz.

- Silva spielt auch gern Tennis und bezeichnet seine Familie als größte Unterstützung auf seinem Weg in die erste Liga.

Stolpernder Hacken

Am bekanntesten ist Silva für seine zielgenauen Schüsse und Pässe aus weiter Entfernung, nicht nur zu Mitspielern, sondern oft auch in die oberste Ecke vom Tor. Doch auch Vorlagen und Flanken gehören zu seinen vielen Talenten. Hier siehst du, wie du einen Ball durch die Beine des Gegners weitergeben kannst.

SCHRITT 1: Wenn du den Ball kommen siehst, drehst du deinem Verteidiger den Rücken zu und verlagerst dein ganzes Gewicht auf die rechte Seite.

SCHRITT 2: Mit dem linken Fuß stoppst du den Ball und legst ihn vor dir ab.

SCHRITT 3: Du beugst dich nach vorne und streckst das linke Bein nach hinten, als würdest du nach vorne schießen. Dann führst du den linken Fuß aber über den Ball ...

SCHRITT 4: ... und schießt ihn mit der Hacke durch die Beine des Verteidigers hinter dir. Wahrscheinlich verlierst du dabei das Gleichgewicht. Deshalb sieht es so aus, als ob du stolpern würdest.

Zlatan **Ibrahimovic**

**geboren am 03.10.1981
in Malmö, Schweden
Stürmer
Nationalmannschaft Schweden**

- Als Zlatan Ibrahimovic 2001 aus Schweden zum niederländischen Ajax Amsterdam wechselte, war er der teuerste schwedische Kicker aller Zeiten.

- Die Schweden lieben ihren beidfüßigen Top-Spieler so sehr, dass sie ihn bereits achtmal zum Fußballer des Jahres kürten.

- Der Halb-Bosnier trainiert Taekwondo und ist überzeugt, dass daher seine akrobatischen Fähigkeiten kommen. Sie führten zu Spitznamen wie „Super Zlatan" und „Ibrakadabra".

- Nach seinem 50. Tor in einem schwedischen Länderspiel zog er sein reguläres Trikot aus. Darunter kam eins mit „50+" auf dem Rücken zum Vorschein. So unvorhersehbar feierte er seinen eigenen Rekord und nahm dafür eine Gelbe Karte in Kauf.

Kopf über

„Ibrakadabra" greift knallhart an und hat scheinbar grenzenlose Energie. Als einer der besten Stürmer der Welt beherrscht er unzählige Finten und Tricks – wie diesen. Wenn du ihn sicher draufhast, hat dein Gegner fast keine Chance.

SCHRITT 1: Du dribbelst gelassen auf deinen Gegenspieler zu. Zur Einleitung des Tricks setzt du den rechten Fuß vor den Ball und ziehst den Ball mit dem linken Fuß an der rechten Hacke entlang.

SCHRITT 2: Kurz dort einklemmen und dann den linken Fuß nach vorne wegziehen.

SCHRITT 3: Mit rechts springst du schwungvoll hoch und schleuderst den Ball mit der Hacke über deinen Kopf ...

SCHRITT 4: ... und über deinen erstaunten Gegner. An dem läufst du locker vorbei und nimmst den Ball wieder an – vielleicht sogar für einen Torschuss.

Philipp **Lahm**

**geboren am 11.11.1983
in München, Deutschland
Verteidiger
Nationalmannschaft
Deutschland (2004–2014)**

- Weil der junge Lahm
als Balljunge für den
FC Bayern München
ins Olympiastadion
durfte, entschied
er sich zum Be-
ginn seiner Fuß-
baller-Laufbahn
gegen den TSV
1860 und für
das Team des
deutschen
Rekordmeis-
ters.

- Als einziger deutscher
Kicker war er während der
WM 2006 bei allen Spielen über
die vollen 90 Minuten auf dem
Platz.

- 2014 wurde er mit der deutschen
Nationalmannschaft Weltmeister
und bekam als Kapitän den
WM-Pokal überreicht.

- In seiner Freizeit spielt Lahm gern
Billard und engagiert sich für Kin-
der, u. a. in seiner eigenen Stiftung,
bei den SOS-Kinderdörfern und für
das Projekt „Mädchen an den Ball".

Weiter, weiter, weiter

Ob sein Lieblingsessen, Leberkäse mit Kartoffelsalat, für seine sportlichen Leistungen förderlich ist? Das weiß wohl nur Lahm selbst. Aber sein Erfolg spricht für sich. Er nimmt den Gegnern den Ball oft problemlos ab und verteidigt ihn erfolgreich gegen Angreifer. Hier ist nur einer seiner Tricks.

SCHRITT 1: Du schiebst den Ball mit dem rechten Fuß nach innen. Statt ihn aber mit links anzunehmen, …

SCHRITT 2: … setzt du den linken Fuß vor dem Ball ab und lässt ihn durch deine Beine rollen. Da dein Körper in diesem Moment noch zum Gegner zeigt, bemerkt er nicht, …

SCHRITT 3: … dass der Ball schon längst in eine andere Richtung unterwegs ist. Mit einer blitzschnellen Drehung wendest du dich zum Ball und bist an deinem Verteidiger vorbei.

Radamel **Falcao**
**geboren am 10.02.1986
in Santa Marta, Kolumbien
Stürmer
Nationalmannschaft Kolumbien**

- Mit 14 wollte Radamel Falcao García Zárate in die Fußstapfen seines Vaters treten, der ebenfalls Profi-Fußballer war. Dafür machte er sich alleine ins 6000 Kilometer entfernte Buenos Aires auf.

- Um für einen Misserfolg gewappnet zu sein, begann er in der Hauptstadt Argentiniens erst mal ein Journalismus-Studium.

- Die Fans der Mannschaft seiner Anfangsjahre, River Plate, nannten ihn „el tigre", „der Tiger".

- Der Stürmer mit der eingebauten Torgarantie spielte in Europa zuerst für den FC Porto, bevor er 2011 zu Atletico Madrid und 2013 weiter zum französischen AS Monaco wechselte.

270 Grad-Drehung

Mit schnellen Antritten und kräftigen Kopfbällen geht Falcao auf Torejagd. Damit er den Ball dabei nicht verliert, trickst er seine Gegner mit teilweise akrobatischen Finten aus. Bei dieser hier dreht er sich, ohne vom Tor-Kurs abzukommen.

SCHRITT 1: Mitten aus dem Dribbling heraus täuschst du einen Schuss oder Pass an.

SCHRITT 2: Statt den Ball aber – wie von deinem Verteidiger erwartet – in Laufrichtung weiterzugeben, spielst du ihn mit der rechten Hacke steil nach links.

SCHRITT 3: Um die Verwirrung deines Gegners komplett zu machen, stürmst du nicht direkt hinterher, sondern drehst dich erst noch schnell über rechts um die eigene Achse.

SCHRITT 4: Dein Verteidiger hat wahrscheinlich immer noch nicht begriffen, wo du nun hin willst. Also schnell an ihm vorbei, den Ball schnappen und aufs Tor schießen!

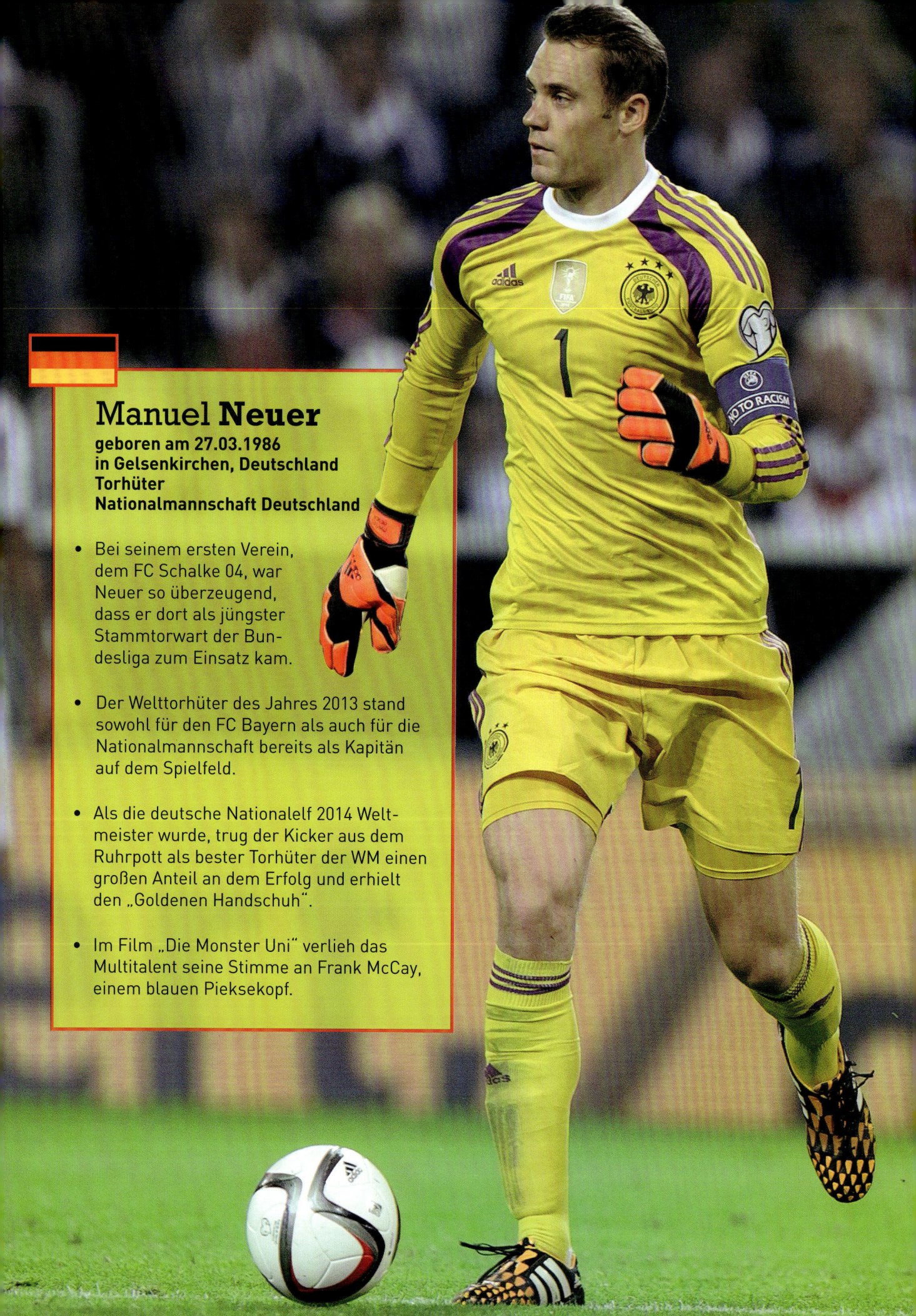

Manuel **Neuer**

geboren am 27.03.1986
in Gelsenkirchen, Deutschland
Torhüter
Nationalmannschaft Deutschland

- Bei seinem ersten Verein, dem FC Schalke 04, war Neuer so überzeugend, dass er dort als jüngster Stammtorwart der Bundesliga zum Einsatz kam.

- Der Welttorhüter des Jahres 2013 stand sowohl für den FC Bayern als auch für die Nationalmannschaft bereits als Kapitän auf dem Spielfeld.

- Als die deutsche Nationalelf 2014 Weltmeister wurde, trug der Kicker aus dem Ruhrpott als bester Torhüter der WM einen großen Anteil an dem Erfolg und erhielt den „Goldenen Handschuh".

- Im Film „Die Monster Uni" verlieh das Multitalent seine Stimme an Frank McCay, einem blauen Pieksekopf.

No-Look-Pass

„Hä, was ist da denn passiert?", denken sich alle Spieler, wenn du diesen Trick des Torhüters anwendest. Damit überraschst du nicht nur die Gegner, sondern auch deine Teamkollegen. Deshalb solltest du sie vorwarnen, wenn du den No-Look-Pass zum ersten Mal ausprobieren möchtest.

SCHRITT 1: Du läufst auf den freien Ball zu und hältst dabei Ausschau nach jemandem aus deiner Mannschaft, den du anspielen könntest.

SCHRITT 2: Dann drehst du deinen ganzen Körper und im letzten Moment auch dein Gesicht in die entgegengesetzte Richtung.

SCHRITT 3: Doch schießt du zu dem Mitspieler, von dem du gerade wegblickst, den du aber auf dem Weg zum Ball angepeilt hattest.

Profi-Tipp:
Noch beeindruckender ist es, wenn du zusätzlich zu gedrehtem Körper und Gesicht mit der Hand in die falsche Richtung zeigst. Und nicht vergessen: Immer hochkonzentriert und überzeugend gucken!

Sergio Kun **Agüero**
**geboren am 02.06.1988
in Buenos Aires, Argentinien
Stürmer
Nationalmannschaft Argentinien**

- Als kleiner Junge schaute er gern eine japanische Zeichentrickserie mit der Hauptfigur „Kum Kum" im Fernsehen. Daraus entstand sein Spitzname Kun, den Sergio Leonel Agüero del Castillo bis heute trägt.

- Bei seinem Debüt mit Independiente in der argentinischen Primera División war Kun erst 15 Jahre alt – und damit der jüngste Spieler der Liga.

- Argentiniens Fußballer des Jahres 2009 war von 2009 bis 2013 mit Giannina Maradona zusammen. Sie ist eine Tochter der Fußballlegende Diego Maradona.

- Agüero trägt auf beiden Unterarmen ein Tattoo. Rechts seinen Namen in der erfundenen Elfensprache von J.R.R. Tolkien, links den Namen und das Geburtsdatum seines Sohnes Benjamin.

Kleiner Hüpfer

Wer sich Agüero in den Weg stellt, muss mit allem rechnen – besonders mit dem Unerwarteten. Der begnadete Stürmer lässt sich ungern von seinem Ziel – dem Tor – abbringen. Steht ein Gegner direkt vor ihm, wendet er eine schlichte, aber ausgefuchste Finte an. Wie schnell schaffst du erfolgreich einen „kleinen Hüpfer"?

SCHRITT 1: Die Finte beginnst du mit dem Ball an der rechten Innenseite. Du hebst das rechte Bein ein kleines bisschen hoch und verlagerst dein ganzes Gewicht auf das linke Bein.

SCHRITT 2: Dann springst du auf dem linken Bein schräg nach vorne. Dabei nimmt der rechte Fuß den Ball mit, ohne aufzusetzen. Dein Gegner denkt immer noch, du würdest gleich nach links spielen.

SCHRITT 3: Kaum landest du nach dem kleinen Hüpfer auf dem Boden, spielst du jedoch den Ball mit der rechten Außenseite nach rechts.

SCHRITT 4: Mit einem schnellen Antritt entkommst du jetzt leicht.

Thomas **Müller**

**geboren am 13.09.1989
in Weilheim, Deutschland
Stürmer
Nationalmannschaft
Deutschland**

• Eigentlich wollte der junge Nationalspieler Ingenieur werden. Aber sein Fußball-Talent und seine Verbundenheit mit dem FC Bayern München überzeugten ihn von einer anderen Karriere.

• Bei der WM 2010 spielte er zum ersten Mal in einem Turnier für die deutsche A-Nationalmannschaft. Dabei wurde er nicht nur Torschützenkönig, sondern auch „Bester junger Spieler".

• Der gebürtige Bayer isst gerne Leberkässemmeln, den Schweinebraten seiner Oma und andere Leckereien aus seiner Heimat.

• In seiner Freizeit spielt Müller gern Schafkopf und Golf, geht ins Kino oder mit seinem Hund spazieren.

Haken schlagen

Dem talentierten Kicker wird eine steile Karriere vorhergesagt. Kein Wunder: Müller hat alle Standardtricks drauf, natürlich auch diesen hier. Du kannst das Haken schlagen leicht üben und das Beste: Das Täuschungsmanöver funktioniert selbst gegen erfahrene Verteidiger fast immer.

SCHRITT 1: Führe aus dem Dribbling heraus den Ball etwas nach rechts.

SCHRITT 2: Dann täuschst du mit voller Überzeugungskraft einen Schuss mit dem rechten Bein vor.

SCHRITT 3: Anstatt ihn aber auszuführen, schnappst du dir den Ball mit der rechten Fußinnenseite ...

SCHRITT 4: ... und nimmst ihn nach links mit. Dein Abwehrspieler hat sicher seine Mühe, sich so schnell nach der überraschenden Wendung auszurichten.

Wayne **Rooney**

**geboren am 24.10.1985
in Liverpool, Großbritannien
Stürmer
Nationalmannschaft England**

- Mit 16 Jahren gelang ihm im Trikot
des FC Everton sein erstes
Ligator. Dies war gleichzeitig
der Siegtreffer gegen den
FC Arsenal, der zuvor
in 30 Ligaspielen un-
geschlagen geblieben
war.

- Er war damit
der jüngste
Torschütze
der engli-
schen Premier
League. Auch
in der englischen
Nationalmannschaft
wurde er 2003 zum
jüngsten Torschützen.

- Nur zwei Jahre nach seinem Wech-
sel zu Manchester United führte er
die Mannschaft 2006 in Vertretung
als Kapitän auf den Platz – das
machte ihn zu diesem Zeitpunkt zum
jüngsten Kapitän des Vereins.

Torschuss-Täuschung

Als zäher Stürmer bewahrt Rooney auch in den schwierigsten Situationen seine Torgefährlich-keit. Bei diesem vorgetäuschten Torschuss entscheidet sich sein Verteidiger gegen eine Grätsche, sodass er den Ball behält. Wie der Engländer danach noch einen Treffer landen kann, erfährst du hier.

SCHRITT 1: Wenn du merkst, dass du einen zugespielten Ball nicht direkt schie-ßen kannst, weil dir ein Gegenspieler im Weg steht, täuschst du einen Schuss nur an.

SCHRITT 2: Lass den Ball kurz zwischen dir und deinem Verteidiger weiterrollen.

SCHRITT 3: Dann legst du den Ball am Gegenspieler vorbei und hast freie Schussbahn.

Profi-Tipp:
Falls weitere Abwehrspieler im Weg stehen, kannst du noch einen der anderen Tricks aus diesem Buch ausprobieren.

Wesley **Sneijder**

geboren am 09.06.1984
in Utrecht, Niederlande
Mittelfeldspieler
Nationalmannschaft Niederlande

- Sneijders Nachname klingt ein bisschen wie sein Spitzname: Sniper – das englische Wort für Scharfschütze. Er trägt ihn, weil er aus fast allen Entfernungen zielgenau den Ball schießen kann.

- Als er mit sieben Jahren zum Nachwuchstraining von Ajax Amsterdam ging, erwartete ihn dort schon sein älterer Bruder Jeffrey. Ihr jüngerer Bruder Rodney folgte ihnen im Jahr 1999.

- 2004 erlangte er den Titel „Bester junger Spieler der Niederlande".

- Ajax Amsterdam erhielt für ihn 2007 die Rekordablösesumme des Vereins von 27 Mio. Euro. Er wechselte für zwei Jahre zu Real Madrid.

Der Rückzieher

Sneijder ist klar im Vorteil, weil er mit beiden Füßen gleich gut dribbeln und kicken kann. Da verwundern seine gezielten Weitschüsse und treffsicheren Freistöße gar nicht. Doch auch einen klassischen Austrickser beherrscht er mit links und rechts. Und du? Es ist alles nur eine Frage der Übung!

SCHRITT 1: Gerade, wenn dein Verteidiger denkt „Jetzt komm ich dran!", setzt du deinen rechten Fuß auf den Ball und ziehst ihn mit der Sohle ein kleines Stück zurück.

SCHRITT 2: Mit dem linken Bein brauchst du jetzt trotz leichter Schräglage sicheren Halt. Schieß den Ball mit der rechten Innenseite hinter deinem Körper ...

SCHRITT 3: ... nach links, am Gegner vorbei. Wenn du nun noch ordentlich Gas gibst, hast du freie Bahn!

Profi-Tipp:
Bei diesem Trick musst du aufpassen, dass dir dein Gegner nicht gegen das Standbein tritt! Das bedeutet nämlich nicht nur Schmerzen, sondern auch Umfallgefahr.

Xavi

**geboren am 25.01.1980
in Terrassa, Spanien
Mittelfeldspieler
Nationalmannschaft Spanien**

• Xavi mag seinen Spitznamen
lieber als seinen richtigen: Xavier
Hernández i Creus. Von seinen
Landsleuten ausgesprochen
klingt er wie „Dschabi".

• Der spanische
Topspieler ging auf die
Fußballschule, die sein Vater
gegründet hatte. Schon damals
fiel er auf, weil er im Gegensatz
zu allen anderen Jungs nicht aufs
Tor schießen wollte. Bis heute
bereitet er Torschüsse lieber vor.

• Seit 1991 spielt der Spanier
für seinen Lieblingsverein FC
Barcelona. Selbst verlockende Angebote können ihn nicht
abwerben. Deshalb ist er auch
Rekordhalter bei der Anzahl
seiner Einsätze für Barça.

• Bei der EM 2008 gewann er
mit Spanien nicht nur den Titel,
sondern wurde auch zum besten Spieler des Turniers gekürt.

360 Grad-Dribbling

Ob im Dribbling oder beim Pass – kaum ein spanischer Fußballer kontrolliert den Ball so sicher wie Xavi. Selbst im Strafraum behält er noch den Überblick und liefert gekonnte Vorlagen. Dabei darf der Mittelfeldspieler auf keinen Fall den Ball verlieren. Mit dieser Drehung à la Xavi gelingt dir das auch.

SCHRITT 1: Du dribbelst auf den Vertei-diger zu und tust so, als ob du rechts an ihm vorbei möchtest. So lockst du ihn auf diese Seite. Statt weiterzulaufen bringst du dich zwischen deinen Gegenspieler ...

SCHRITT 2: ... und den Ball. Nun spielst du den Ball wie beim Dribbling mit der Außenseite vom rechten Fuß. Dabei drehst du dich im Kreis langsam um deine eigene Achse.

SCHRITT 3: Der Gegenspieler folgt die ganze Zeit deinen Bewegungen. Nur kurz setzt du den rechten Fuß auf den Boden, um dich weiter zu drehen. Dabei nicht vergessen, den Ball abzuschirmen!

SCHRITT 4: Dann dribbelst du den Ball wieder, während du fast schon eine ganze Drehung vollführt hast. Schaust du in dei-ne ursprüngliche Laufrichtung, kannst du den Angriff fortsetzen.

Fußball-Quiz

1. Wer schoss das entscheidende Tor im WM-Finale 2014?

2. Wie lang muss ein Fußballfeld bei internationalen Profispielen mindestens sein?

3. Wer ist Rekordweltmeister?

4. Welcher Verein spielt im Stadion Santiago Bernabéu?

5. Welcher Spieler wurde dreimal Fußball-Weltmeister?

6. Wie viele EM-Endspiele wurden durch Golden Goal entschieden?

7. Wie hoch ist ein Fußballtor?

8. Aus welcher Stadt stammt der FC Chelsea?

9. Wer ist Rekordeuropameister?

10. Welcher Verein verlor 1999 das Endspiel in der Champions League durch zwei Gegentore in der Nachspielzeit?

11. Wie breit darf ein Fußballfeld bei internationalen Profispielen maximal sein?

12. Welche beiden Vereine tragen ihre Heimspiele im Giuseppe-Meazza-Stadion aus?

13. Wer wurde 1930 erster Fußball-Weltmeister?

14. Welcher dreimalige Weltfußballer musste im WM-Endspiel 2006 nach einer Roten Karte vorzeitig das Feld verlassen?

15. Wie breit ist ein Fußballtor?

16. Wie heißt der europäische Fußballverband?

17. Welcher Verein spielt in Old Trafford?

18. Wer wurde 2004 völlig überraschend Europameister?

19. Welcher ehemalige deutsche Fußballer wurde sowohl als Spieler als auch als Trainer Weltmeister?

20. Wer wurde 2011 Fußball-Weltmeister der Frauen?

Lösungen:

1. Mario Götze (1:0 für Deutschland)
2. 100 Meter
3. Brasilien (5 Titel)
4. Real Madrid
5. Pelé
6. 2 (1996, 2000)
7. 2,44 Meter
8. London
9. Deutschland (3 Titel)
10. FC Bayern München (1:2 gegen Manchester United)
11. 75 Meter
12. AC Mailand und Inter Mailand
13. Uruguay
14. Zinédine Zidane
15. 7,32 Meter
16. UEFA
17. Manchester United
18. Griechenland
19. Franz Beckenbauer
20. Japan